Nordpol
Wilder Westen
Sierra Madre
Timbuktu
Bikini-Inseln
Feuerland
Ganz

pitzbergen
Halbinsel Kola
Weißes Meer
zu Hause
Roter Platz
Moskau
Kurdistan
Innere Mongolei
Wüste Gobi
China
Kamtschatka
Brahmaputra
Indien
Afrika
Kap der Guten Hoffnung
Norden
Westen
Osten
Süden
Welt

2. Auflage 1996
Alle deutschen Rechte bei Carlsen Verlag GmbH, Hamburg 1995

Originalverlag: Bonnier*Carlsen* Bokförlag, Stockholm 1992
Originaltitel: RESOR JAG ALDRIG GJORT AV SYBORG STENSTUMP
Lettering: Doris K. Künster
Lektorat: Ursula Heckel
ISBN 3-551-51526-3
Printed in Spain by Artes Graficas, Toledo
D.L. TO: 1219-1996

Anna Höglund • Feuerland ist viel zu heiß!

Deutsch von Angelika Kutsch

CARLSEN

Hinter dieser Tür wohnt Stina
Stenstump. Sie glaubt, daß sie
alles über die ganze Welt weiß!
Sie scheint nicht besonders oft
auszugehen. Man sieht sie
selten auf der Treppe.
Aber sie sagt, daß sie oft verreist.
Wir gucken wohl mal rein...

Ja, da liegt sie auf der Bank, die Nase in einem Atlas.

Wohin soll ich denn mal...
ATLAS
HAVANNA
Eine Perlenkette von Inseln
Durchs wilde Kurdistan

Am Nordpol ist es zu kalt...

Feuerfliegen
Auf Feuerland zu warm...

und im Bikini fühl ich mich
nicht wohl ...
Wirklich nicht!

Aber hoch oben in der
Sierra Madre gibt es
einen merkwürdigen
Hirsch. Den darf ich nicht
vergessen!

Dann steig ich in den Bus
und fahr in den ...

Wilden Westen

PÄNG

Wirbelstürme können einen ganz schön durcheinanderbringen.

Auf der Halbinsel Kola gibt's gar keine Cola. Da rudere ich lieber schnell übers Weiße Meer

nach ...

Moskau. Auf dem Roten Platz steht eine Apfelfrau.

Ich kaufe mir einen Apfel und gehe zum Bahnhof.

Ich nehm einen Zug...

und fahre durch das wilde Kurdistan. Als es dämmert, nähern…

wir uns...

Indien!

Horch, der Chor der Frösche am Brahmaputra!
Und guck mal, da schaukeln sacht
ein paar Götter auf den Wellen.

Über China leuchten die Sterne und zeigen mir den Weg. Ich fliege auf meinem fliegenden Teppich.

Swissssch!!!

Was ist jetzt los? Der Morgen dämmert, und mein Teppich verliert an Geschwindigkeit, sinkt hinunter in den Sand der Wüste Gobi.

Ich hab schrecklichen Durst!

Ein innerer Mongole aus der Inneren Mongolei zeigt mir den Weg zum Meer.

Auf Kamtschatka ist es überhaupt nicht lustig.
Hier gibt's keine Menschenseele.
Nur einen traurigen Fisch.
Und mir tun die Füße weh.
Da will man nur noch nach Hause.

SEUFZ
WARUM?

Aber guck mal da!
Schiff ahoi!

Mit Rückenwind nehmen wir Kurs auf Timbuktu.

Nachdem wir das Kap der Guten Hoffnung umrundet haben, sage ich

danke und auf Wiedersehen

Auf dem Kamelrücken dringe ich…

tiefer und tiefer ins schwarze Afrika vor.

Der Weg ist so weit, und mir geht es gar nicht gut.
Das Kamel stirbt vor Erschöpfung.
SCHLUCHZ
Jetzt bin ich wirklich krank.
O nein! Krokodile!
KEUCH

Hilfe! Ist hier niemand, der mich retten kann?
Nee, hier gibt's offenbar nur mich. Da, probier mal!
Jetzt kann ich nicht mehr, aber irgendwie schleppe ich mich halt weiter.

Und dann, vierzig Tage später:
Die Königin von Afrika!

Die Königin von Afrika sieht, daß ich krank bin, und mischt mir eine Medizin. Für das Mittagessen schlachtet sie ein Huhn. Bald geht es mir wieder so gut, daß ich helfen kann, das Getreide für die Brezeln zu mahlen.

Nach der Hühnersuppe fühl ich mich wie ein neuer Mensch.

Im Wald rascheln die Tiere. Aber ich hab keine Angst. Die ganze Nacht esse ich Brezeln und trinke Palmwein mit der Königin von Afrika.
Bis...

...zum nächsten Morgen.

KLOPF
KLOPF

Bist du das, Pekka? Na, so was! Komm rein oder bleib, wo du bist.